A la hora del café

A la hora del café
Poesía con el aroma de veinte mujeres hispanoamericanas

Herminia Delgado (ed.)

www.librosenred.com

Dirección General: Marcelo Perazolo
Diseño de cubierta: Stefanie Sancassano
Ilustraciones: Tecla Myrhe
Diagramación de interiores: Flavia Dolce

Está prohibida la reproducción total o parcial de este libro, su tratamiento informático, la transmisión de cualquier forma o de cualquier medio, ya sea electrónico, mecánico, por fotocopia, registro u otros métodos, sin el permiso previo escrito de los titulares del Copyright.

Primera edición en español - Impresión bajo demanda

© LibrosEnRed, 2013
Una marca registrada de Amertown International S.A.

ISBN: 978-1-59754-911-0

Para encargar más copias de este libro o conocer otros libros de esta colección visite www.librosenred.com

Prólogo

En una cafetería nos esperó el muchacho, aquel de los ojos limpios, para tomar un café antes de la sesión de las seis.
Siempre hubo una película después, con héroes y heroínas, con manos nerviosas que buscaban y labios que se encontraban por primera vez.
En una cafetería nos citó aquel canalla para decirnos que, a pesar de ser maravillosas, se tenía que marchar. Y pagó su café y nos dejó el nuestro helado sobre la mesa.
Por un extraño sortilegio en esas tardes llovía siempre y la ciudad nos comía la vida.
Sin embargo, dimos el último sorbo y echamos a andar.
En una cafetería leímos nerviosas el examen que debíamos aprobar.
Repasamos el carmín de los labios y el botón de la camisa. Controlamos el temblor de las manos. Representamos a la mujer fatal para aquella entrevista del primer trabajo.
Le entregamos a una amiga del alma el naufragio de nuestra vida.
Nos tocamos la vida en el vientre.
Desde sus cristales vimos la ciudad cambiar y también nuestro reflejo fue otro.
Vimos abrigos y paraguas, sandalias y melenas enamoradas del sol. Y gracias a un café creímos que el asunto de vivir podía ser parte de un verso.

Hoy veinte mujeres de distintos países, distintas edades, conceptos de la vida, del amor y de la muerte; nos reunimos a eso, a dejar poemas sobre la mesa.

Poemas que solo puede existir envueltos en el amable vapor de un café.

Herminia Delgado Núñez

Aleyda Cruz Espineta

"Nací en un pueblo primoroso, término municipal de la provincia de Camagüey, Cuba.

Dios quiso que ocurriera en un otoño de mi patria, el 22 de un septiembre bendito.

Dicen que era linda y que no quise llorar al nacer. Notaron más tarde que presentaba síntomas de fiebre alta y los médicos diagnosticaron meningitis. A punto de fallecer y perdida toda esperanza, abrí de repente mis ojos, sorprendiendo a todos, (como tengo por costumbre) y me empeñé en vivir.

Una parienta, profesora de Literatura y espiritista, como Lydia Cabrera, al verme cuasi resucitada profetizó sobre mi cuerpecito:
—¡Esta niña ha quedado para algo muy grande!

Aún hoy en día y a tal altura de 82 años, no acierto todavía a discernir a qué grandeza se refería la parienta, porque he pasado por tantas cosas grandes, incluyendo la propia vida, que aún no atino a descifrar el enigma de tal profecía.

Eso sí, rabiosamente silvestre, malcriada en extremo por esos padres míos (Dr. Luis Cruz Ramírez y Morbila Espineta Mestril), empecé a meditar metiéndome en el gran cesto de mimbre de la ropa sucia de casa y luego, un buen día, me salí de estampida hacia los árboles y allí, como los pájaros, empecé a cantar y aún no me canso"

(Camagüey, Cuba)

Aroma de café (a Cuba)

Aroma de café mi aire embalsama,
y se cuela el piar de los gorriones
por entre los quiméricos portones
del trópico encendido en su oriflama.

Del gallo la sonora clarinada
teje una escala de empinada cuesta,
donde el sopor del alma se recuesta
en tierna evocación de enamorada.

¡Qué reconquista para la añoranza
poder borrar los turbios nubarrones
con el ala de un sueño irrealizable!

¡Estalla la memoria! En lontananza
hiende plagiando en verdes pizarrones
el místico pincel de lo imborrable.

Un poema en mi café

Ayer, cuando el ocaso fatigado
muerto de luz, inane fenecía,
sentime sola y con mi sombra
a cuestas, entré ,callada, a la cafetería.

Sordos rumores de algún piano viejo,
entre el humo tejían los recuerdos.
Allí mi identidad era un reflejo
que como sombra al fin se disolvía.

–¡Algo que me estimule! –dije al mozo.
¡Que devuelva mi elam, alce mi fe!
Y me trajo, sonriente y presuroso
aquella humeante taza de café.

¡Aspiré aquel aroma deleitoso…
y al fondo de la taza detecté
aquel lejano poema primoroso
escrito entre la borra del café!

"Locamente enamorada"

Si esperas que yo escoja, te diría,
que no hay sitio mejor
para enhebrar recuerdos
que el humo azul de una cafetería...

¡Aunque yo, amado, de tu mano iría
hasta las mismas pailas del infierno!

¡Pero... existe un lugar más adecuado,
de un ambiente que raya en la poesía!
Exento de peligro, moderado,
escapa a la procaz algarabía

Envuelve como un manto tibio y tierno.
Un sitio para dos enamorados
¡Huyamos de este ábrego de invierno!
Entremos al Café por este lado...

¡Qué dulce eres, amor, qué complaciente!
¿Ves? Aquí se está mejor, los dos a solas,
no hay miradas que atisben imprudentes
y enerva del café la tibia aureola...

¡Ya no somos del ruido, pobres presos!
¡Abrázame, cariño! Dame un beso...

Y en la mesa aledana, otro cliente
cataba su café con gusto a mocca.
En lo que contemplaba displicente
el soliloquio tierno de una loca...

Victoria López

"María Victoria López O.M, nace en Asunción, Paraguay, un 29 de abril del año del Señor que no quiero contar.
Desde muy pequeña la naturaleza me ha ayudado a crear una conexión con la vida que se expresa en el mismo momento de su concepción.
Me acompañan mi soledad y mis tres perros: Michael, Loba y Vizcaya".

(Asunción, Paraguay)

La casa en la memoria

La casa en la memoria,
los granos rojos,
las mujeres sacudiendo sus caderas
por los montes púrpuras,
el aroma a tostado…
¡Ah el cafetal!
Hoy en este antiguo café,
robado al tiempo en Park Avenue,
aguardo a mi amor;
mientras la nieve reposa en la cornisa
tras los vidrios de la monotonía.
Lo veo llegar. A lo lejos,
entre las grietas de la bruma,
como una premonición de un tiempo
que no quisiera imaginar.
Pues, tal vez, un día, lo veré partir,
bajo la lluvia, inclinado sobre su pecho,
tras los mismos grises ventanales.
Con sabor a exilio en la boca,
café con canela y ron.
Escucho al viento gemir en la Gran Manzana;
como si viniera de muy lejos…
Murmullos del cafetal.

El tren del cafetal

Mientras escucho el silbido del tren,
–la nariz contra el vidrio, sucio, de polvaredas–
miro los rieles corriendo de prisa,
descubriendo hileras de frutos verdes;
y me llega el olor del cafetal.
Tiempos perpetuos.
A lo lejos,
la vieja estación de cocoteros sin sombras;
Los loros coloridos y el sol
Que destiñe la cal en las paredes
del "Copetín". Con su cartel de madera.

Los aromas florecientes nos empujan
a un mostrador –sin sobresaltos–
donde ancianos silenciosos, con tacitas de hojalata,
saborean un negro colado, amargo café;
cuya fragancia viene de la tierra
donde enterrarán sus huesos.
El cafetal ya se ha bebido sus almas
Un ventilador remueve las tristezas.
Yo me cobijo del horror del mundo
en las rodillas de mi padre.

Tostado con azúcar

Tostado con azúcar;
más oscuro, más amargo.
A mi padre le gusta el café
con mucho cuerpo,
con nuez moscada
y su brandy.
Total, él, es un hombre de ciudad:
traje de hilo, sombrero,
y un buen habano.
Él no se deja la piel en las cosechas
ni siente los golpes del sol.
Las hijas de los señores
saboreamos uno muy dulce,
con leche,
perezosamente tranquilas
en el confín del mundo...

Amelia Blanchard

"Amelia Blanchard nació en Maracaibo, Venezuela, cuna de grandes músicos y poetas. Además de escribir poesía, también es compositora, pintora y artesana. Es colaboradora de las escuelas de gaita zuliana, ritmo que caracteriza a su región; también dicta talleres a niños y jóvenes para capacitarlos en este ámbito musical. Sus composiciones se escuchan en las emisoras radiofónicas en la voz de afamados cantantes. Ha sido galardonada por su participación en diversos festivales gaiteros y de decimistas. Es sonetista por excelencia".

(Maracaibo, Venezuela)

Lentamente

Afrodisíaco el lecho
en el que nos amamos;
tengo vicio de ti,
disfruto tus caricias,
tus suspiros.
Lentamente…
como se disfruta
un buen sorbo de café

Las moliendas del deseo

En las comisuras del insomnio,
desfallezco.
Aroma de cafetales,
de tierra que huele a ti.
Fiesta de amaneceres,
el sol se cuela
y se derrama
en las moliendas del deseo.
Las horas que nos llaman
nunca morirán;
pero tú y yo
ya no somos.

Aquí

Escribo mis poemas en la cafetería,
donde una vez probé lo dulce de los besos.
De aquí se me marchó, sin prometer regresos
¡el que mintió y me dijo que siempre me amaría!

Vapores que se funden con la melancolía.
¡Estuve enamorada y amé hasta los excesos!
pero el amor se acaba, y hoy tristes embelesos
se cuelan de repente, en toda el alma mía

Nunca borré su aroma, quedó en la servilleta,
con la que le limpiaba el rojo de mis labios
¡yo tengo aún su olor, guardado en mi gaveta!

De nuevo estoy aquí, he vuelto con mi nieta,
de aquel pasado ingenuo me quedan los resabios
¡también se enamoró…de un soñador poeta!

Ana María Canto Bermúdez

"*Me llamo Ana María Canto Bermúdez.*
Nací el 16 de octubre del año en que el hombre llegó a la luna.
Mis padres, una mezcla extraña.
Mi mamá fue una hermosa mestiza venezolana llamada Rafaela Bermúdez y mi padre un siciliano llamado Giuseppe Canto que le llevaba veinte años.
Yo me gradué como Licenciada en Educación, Idiomas Modernos. Soy madre de cuatro hijos de entre veinte y cinco años: Anna Gabriella; Emmanuel, quien cumple años el mismo día que yo; Samuel y mi pequeñita Valeria.
Amo leer, escribir, aprender .y aún más amo a las personas en general, sin distinciones de ningún tipo
Ésta, a grandes rasgos, soy yo".

(Barquisimeto, Estado Lara, Venezuela)

Café espectral

Grises nubarrones
oscurecieron la tarde temprana,
trayendo entre sus sombras
a los que habitan en mí.
Una vela enciendo,
mientras voy preparando la mesa
con algunas invisibles tazas
que acomodo en un preciso círculo.
Emocionada, imagino la tertulia
que se inventa mi corazón loco.
El humeante aroma se esparce
entre las risas y chácharas.
Así un café compartimos,
una vez más, por siempre,
mis amados fantasmas y yo…

El café de mi abuela

En este frío amanecer de octubre,
un tibio recuerdo perfuma mi memoria,
con el sabor dulce de mi amarga añoranza.
No era un lugar elegante pero el cielo
estaba tan cerca
cuando llegaba el oscuro néctar
y su intenso aroma.

Y es que antes de marcharse el alba,
Felipa, que ese era su nombre,
con leña seca daba alimento
al fogoncito de rústica piedra.

La ahumada pequeña olla,
con agua del pozo, tan fresca,
con su azúcar y
con sus medidas exactas…

Y uno a uno íbamos llegando,
para rodear ansiosos a nuestra vieja.
–Que os Dios bendiga–
Que Dios bendiga
su humilde "pocillo de cache negro"

Café

Al tibio bostezo del sol,
despierta la tierna mañana,
y coqueta la aurora se tiñe
del dulce aroma moreno,
¡cafecito recién colado!
Ambrosía oscura del mortal,
¡cómo mi alma hechiza!

El perfume de otros tiempos
en las casitas durmientes.
Y hoy como ayer,
plácidas se despabilan
mecidas por ese divino olor.

Ana María Moreno Pérez

"Nací un 9 de mayo de 1972, en Raudales, Malpaso, Chiapas. Un pueblo entre las montañas, donde la inspiración corre como agua de riachuelo.

Desde 1988 vivo en Playa del Carmen Quintana Roo, bajo un cielo en el que la poesía se posa sobre el lecho de arena con su corcel de espuma.

Escribo desde los 13 años, pero es en el 2008, cuando abandono el "claustro" al ser descubierta por mi esposo.

Soy madre de dos tesoros (Juan y Paola), quienes en contubernio con su papá me incitan a extender las alas para volar sobre el ramaje de mis versos.

Escribo poesía, cuento y teatro infantil.

El 21 de marzo de 2009 conquisto mi primera presea en un concurso de poesía local. En 2009 publico el poemario El canto del silencio, e inicio un taller de poesía infantil en la biblioteca de mi localidad, en donde se publica el poemario Rocío de sentimientos de cinco pequeñas poetisas de entre 9 y 11 años de edad.

En el 2010 se publica el poemario Un atisbo al azul, por medio del Ayuntamiento de Solidaridad, del cual soy coautora y compiladora.

En mi pasión por promover la poesía como valor, coordino el "IV, V y VI Festival Internacional de la palabra en el mundo", en Playa del Carmen Quintana Roo, que consiste en llevar la poesía a las escuelas y los parques.

Soy miembro cofundadora de Literatos de Playa del Carmen.

Mis poemas han sido publicados en varios periódicos y revistas locales, y en algunos portales de internet. En el 2011 fui invitada al Festival de Cultura del Caribe. En 2012 asisto al XX Encuentro Internacional de MUJERES POETAS EN EL PAÍS DE LAS NUBES. Actualmente modero las tertulias poéticas "Noches de velas", en "Edén Jardín", en Playa del Carmen Quintana Roo, México, y doy gracias a Herminia por permitirme ser parte de A la hora del café".

(Malpaso, Chiapas, México)

Café con canela

El frío tasajea mis manos.
Entro a la cafetería,
y la esencia del café con canela me cautiva.
Tras el ventanal mi mirada se posa en el destierro.
Te busco en el océano de semblantes.
Repaso el poema.

Es noche de poesía,
y las coplas me encerraron en tu cárcel de amor-perdido.
Tus ojos surgen del vaho del café,
y soy una abeja que se acerca al panal.
Tus manos se extienden,
sonrío,
de tus labios nace el soplo de vida.

Me quedo estática, sin parpadear,
congelada en el refrigerador del tiempo.

El café cae de mis manos.
Escucho gritos.

Sorprendida, me descubro
Sola en el mármol del piso.

Café de otoño

Exhala el café sobre la mesa.
Abandono la lectura.
Me anego en el vaho delicioso
y me transformo en los otoños caídos del sauce.
¡Soy hoja al viento buscando tus huellas!
El sentir de tu ausencia
se funde con la sonrisa melancólica
de tu rostro desdibujado.
Eras ajeno desde el primer día;
y aún así, nos amamos inevitablemente.
–El camino estaba marcado–
Juntos en la intimidad de los vacíos,
en la profundidad de las noches,
en el cansancio de los crepúsculos,
y en la flama que enciende al día.
En cada uno de nuestros pensamientos.
Lejos uno del otro.
–Cumpliendo el destino–
El camarero se aproxima y la realidad me requiere.
Continúo mi lectura.
¡Soy el café dentro de la vidriera!

Café matinal

El día se disuelve
con el aroma frío de tu ausencia,
la lluvia matinal
se desborda con el sahumerio
del café recién preparado,
uniendo nuestros nombres
en el preludio del amanecer.
El sol nos abrazó en su manto de oro,
y brillamos juntos al sonar de las olas.
–Soy una fiera herida,
que reposa su dolor en la playa–
Una pregunta corre por mis venas;
y el vendaval se lleva mis lamentos.
–¿Aún estoy vivo?–
La voz del silencio naufraga,
la lluvia no extingue mis recuerdos
entre el aroma del café,
que se marcha con la brisa
siguiendo tus pasos.

Ana Maritza Aguirre Gutiérrez

"De profesión bióloga-microbióloga y graduada en Control Mental Silva, Meditación-Relajación-Terapias Alternativas.
　Casada y con dos hijos, residente en Alemania.
　Con mis poemas "Yo soy" y "Puedes volar", me resumo así:
　Yo soy la mujer que mi país, Perú, hizo. Te conozco hombre-mujer-niño, porque al mirarte te descubres ante mí desnudo.
　Tú me dijiste: ¡Si crees, puedes volar! Y yo te contesté: ¡Creo! Y empecé a volar.
　Me inspiras tú y la vida misma a escribir Poesía.
　Con mi poema "Para ti, Poeta", quedé semifinalista de un concurso del Centro de Estudios Poéticos, de Madrid y me di a conocer en el ambiente poético de la ciudad".

(Piura, Perú)

Parece que fue ayer

Tus ojos mirándome,
el encanto de esa cafetería
revestida de madera.
La música del piano bar
nos embriagaba;
reíamos de todo,
del silbido de la cafetera,
y de una pareja estrafalaria.
Es que de los corazones fluía amor.

El tiempo se ha estancado.
Un sorbo de café, un beso,
tus manos y mis manos se acarician;
y parece que fue ayer
cuando me dijiste: "te amo".

Hoy que regresamos a esta ciudad,
todo sigue igual,
y también el café,
conserva su aroma.

Café de invierno

Algún domingo de invierno
nos refugiamos en la "Cafetería Graupner".
Mesitas para dos, con su rosa y su vela.

Se detiene el tiempo, no hay prisas,
las manos heladas en las tazas de café caliente.
Nuestra charla, los hijos y los planes del futuro.
El segundo café, lo saboreamos mejor,
tus manos me acarician, ya están tibias.
Tu mirada se posa en mis ojos,
las luces de las calles se encienden,
es tiempo de ir a casa, los hijos esperan.

Cafetería la pausa

Con los ojos huidizos,
entre los ventanales y el café aromático,
–que ya no le sabe a nada–
se escapa
de la complicidad de las miradas
De los de toda la vida.

De los que, a media tarde,
siempre están en la cafetería "La pausa"

Sí, hoy ha entrado sola, a recordarlo,
porque jamás vendrá.
Aún escucha la sirena
que se lo llevó para siempre.

Delvyhe B. Reynolds B

"Nací un 23 de octubre de 1956 en la ciudad de Concepción, Chile.
   Salí del seno materno a la edad de 12 años, para ir a estudiar a otra ciudad. Allí conocí otra vida, otro mundo. Todo llamaba fuertemente mi atención, sobre todo los libros y revistas que llegaban a mis manos. En la biblioteca del colegio me sentía feliz, nada me atraía más que los libros.
   La afición por la poesía me llega con los poemas de Gabriela Mistral, sintiendo una tremenda atracción por los poemas con contenido infantil; de los cuales me creía protagonista.
   Escribía de todo lo que me rodeaba, pero me provocaba sobretodo el sufrimiento de la gente de la calle.
   Hoy expreso todo mi mundo en mi poesía, escribiendo en la revista ERATO DE COLLIPULLI - Chile Y aprendiendo técnicas de literatura en el taller literario de POESÍA SOY YO con la profesora hispano-noruega Herminia".

(Concepción, Chile)

Café dorado

Un sutil café dorado
zozobra mi tristeza,
trae recuerdos de juventud
y de aquellas lejanas costumbres.
Cálida mezcolanza, ardiente,
embrujo y tentación;
brebaje traslúcido y moreno
—oscura su procedencia—
Dejo la tetera bullir,
suspiro y libo, sorbo a sorbo,
este grano del paraíso terrenal.

Aroma de café

Una pálida taza, en su platillo,
al centro de la mesa.
Un cálido y suave vapor.
Aroma fuerte,
Aire moreno
Lo endulzo,
lo siento en mis labios
lívidos en la mañana fresca.
Todo este sabor merece
esta calma dentro de mí
este beso en toda mi piel
Acaricio cada trago.
Siento la nostalgia
navegando en el fondo.
Miro las últimas lágrimas
que aún despiden
su postrero aroma

LA OSCURA CALLANA

Una nube de vapor se eleva
de una pequeña tacilla.
Un aroma penetrante a trigo tostado.
Me lleva a otro tiempo.
La oscura callana
desprendida de un acerado cordel,
desde la techumbre del galpón
Y mi abuela, lentamente,
meciéndola...
Hoy te observo, cafecito mañanero,
y aspiro tu olor inigualable y madrugador,
llenando las habitaciones de la casa.
Ya no es lo mismo que entonces
Todo ha cambiado tanto.
Solo tu perfume, invade los sentidos.
e impregna mi alma
Aflora un recuerdo
Ocre, cálido, dulce,

Edith Suyai Moncada

"Nacida un 25 de junio en Santiago de Chile. Un junio de lluvia torrencial. Quizá fue la lluvia lo que la hizo llorona.
La luna no estaba, y el sol se demoró en aparecer; ello dejó en sus ojos una perenne tristeza. Nostálgica, pequeñita de estatura, y grande en sus sentimientos. Leal hasta la muerte.
Estudió en la Universidad de Chile Pedagogía General Básica y se especializó en alumnos con problemas de aprendizaje.
Ama a los niños, allí se encuentra el futuro y la alegría. Le gusta escribir poesía y narrativa.
Desde niña ya eran las letras sus mejores amigas, pero siempre a solas; hoy se atreve a dejarse leer por el mundo entero".

(Santiago de Chile, Chile)

El café quedó allí

El café quedó allí,
mudo testigo
de nuestra agonía.
Pero su aroma
ya no está
como no está el amor.
"No eres tú", dijo él,
"No soy yo", dijo ella.

En esas palabras
se fue quebrando
en silencio
la última brisa.

Las lágrimas sellaron
los besos que ya no nos dimos
Sólo el café
y nuestro naufragio

Aún huele a café

Aún huele a café,
la tarde se ha ido
y en mi corazón
sigues tú.
No hubo reproches,
no hubo lágrimas,
ni dijimos "es el fin"

Tus ojos no miraban
y yo supe lo que perdía.

El café se enfrío,
tus manos se marchitaron,
y así se fueron los siglos.

El café se enfrío
Aquí ya solo
huele a ruinas.

Huele al último café
y a noche sin luna.

Se me antoja un café

Se me antoja un café,
para alegrar mi triste tarde,
que más triste nunca habrá.
El sol se ha ido,
y para siempre.

El café amargo, café oscuro,
burla mi pena, ensancha mi lamento.

Su voz sin sonido,
fugada mi alegría
la esperanza rota,
muerta la ilusión.

Café,
último sorbo con olor a distancia,
no dejes en mi espalda
este sabor amargo,
llévate en las horas
del crepúsculo mi pesar,
quiero quedarme con el beso sonoro
ese beso caprichoso
que un día llegó a mis labios
y que hoy, con un dejo de veneno,
se me va.

Elisa Menéndez

"A los 19, me mudé a Nueva York y, en el otoño, no sólo cambiaron los árboles del parque Washington Square; también vi nacer colores que no cabían dentro de la imaginación de una niña.

En la Universidad NYU, durante el curso de Escritoras latinoamericanas, Gabriela Mistral me llevó de la mano hasta mis entrañas y, cuando Castro visitó las Naciones Unidas, Sor Juana Inés de la Cruz incitó grandes protestas.

Años después, cuando regresé a Miami, conocí a Lydia Cabrera en un curso de graduado y ella me dirigió hacia la paz interior y a documentar mis luchas, mi aprendizaje y mi esencia.

He escrito guiones, produje varios cortometrajes, y gané varios premios en ese mundo. He publicado pocos poemas y me entristece mantenerlos a oscuras.

Paso la mayoría del tiempo en el trabajo, un laboratorio universitario de psicología de desarrollo infantil. Aquí creo vídeos que se utilizan para llevar a cabo investigaciones. Practico artes marciales y soy madre de una niña dinosaurio llamada Lucía. Tiene tres añitos.

Me alivia mucho encontrar este taller en el camino y le doy gracias a Herminia por dejarme ser parte de este distinguido grupo".

(Miami, Florida)

El primer sabor negro

Pasó del jugar en las nubes
como una pelota rebotando.

La tierra corre a vestirse
Y el sol resplandece desnudo
(Sonriendo el instinto nervioso)

Él le susurra:
"Soy tu espejo"
Y ella se acerca la tacita de café a sus labios
y lo saborea.

Café poema

Toca miles de años el vacío que ayer llenó
Y, hoy, brindo por la vida
descomponiéndote
Acabé con las leyes del mundo, que
manchan el color del blues,
Que exigen a esconder mis dioses,
Bailar valses al tambor
Exhibiendo sólo cuando chupo
Y, aún, aflora evolución.

Me senté a pensar en ti

Me senté a pensar en ti, a olerte.
A brindar esa mañana por tu vida
Y estuve en esa mesa miles de años

Y vino el segundo que me cansé
Te puse en mis piernas
Y te partí en quince
Empezando por mi silla de ruedas.
Rompiendo el espejo y las leyes del mundo.

–El lamento del cacique con la del quetzal,
mis propios dioses
y valses al compás del tambor–

Me abrasa la fuerza
Me chupa
y me exhibe como un premio
Diosito, ¡qué ignorancia a evoluciones!

Yo absorbo el néctar negro.
Y me hago sentir tu presencia,
tu historia,
Y en puños aprieto el mantel y lo sacudo blanco
Hago brincar tazas y tenedores.
Caes en el piso y me da risa tu sorpresa.
Sonriendo, voy por la escoba,
a botar toda esa porquería de porcelana
Para que nadie más se corte
y tengamos tiempo de desnudarnos.

¡A nadar el aromático Río de Café!

Y si queremos broncearnos.
Convertirnos en lo aquello.
Y dejar atrás la lucha por el hueso del dinosaurio
Aprenderíamos mucho,
–Nunca repitas error, horror, error, horror, herror, orror.
Nunca vayas a olvidar mi canto.

Herminia Delgado Núñez

"*Yo soy Herminia Delgado Núñez, una española en Noruega, una del Sur que soñó el Norte.*
 Soy de Granada, una ciudad enamorada de una montaña.
 He crecido en una casa grande de puertas abiertas, he sentido la libertad de un modo salvaje como sienten los niños que crecen en plena naturaleza. He escapado de ese hermoso paraíso porque se me quedó pequeño.
 Estudié Filosofía y Letras, Historia e Historia del Arte. Estudié inglés, italiano, francés y estudio noruego.
 Adoro el mundo, la gente, ver mucho, moverme mucho, leer mucho, no perder ningún tren.
 Padezco una enfermedad crónica llamada "confusión".
 Considero que el miedo a la soledad nos hace esclavas de los demás. Que cuando se sabe estar sola, se es libre. Y sólo los seres libres son de fiar. No me fío de quién no sabe vivir consigo mismo.
 Estoy a gusto conmigo misma, a veces. Sé bien que la vida no es un paraíso sin incidencias.
 He leído mucho, he viajado mucho, he jugado mucho, he llorado algo y he amado también.
 Tengo hijos a los que he transmitido la importancia de la libertad y el propio espacio para sobrevivir. Son mi mayor orgullo.
 Escribo porque los cuentos infantiles me frustraron. Se sufría demasiado para llegar al final; y el final eran dos líneas. Decidí

dedicar yo un par de páginas de mi puño y letra a describir la felicidad. Después ya no había escapatoria. Una vez que la tinta te entra en las venas ya no hay vuelta atrás".

(Agrón, Granada, España)

Una foto en Lisboa

Me llamó, a eso de las doce.
Nevaba y la calle tenía esa luz
y ese silencio que anuncia fantasmas.
Me había bebido un café caliente
en mi viejo sillón,
frente el mar helado.
En la casa que fue nuestra,
bajo el cielo que fue de los dos,
mirando el cementerio
cubierto de esa costra blanca
donde se asfixian las flores.
Aquella foto, dijo.
Recuerdas aquella foto,
Donde tú sonreías
junto a un vaso de vino verde
en un mirador de Lisboa,
que tanto te recordaba tu ciudad.
Llevabas un vestido negro
y un cinturón rojo;
y yo le compré a un vendedor ambulante
una pulsera de la suerte.
Nevaba, y sus palabras parecían atravesar
vastos palacios de hielo.
La foto de Lisboa,
tu leías Caim de Saramago.
Trata de recordar, por Dios.
Esa foto, mi vida, esa foto.
Me estoy muriendo de frío
entre estas sábanas de viento.

Cafeterías bajo la lluvia

Quizá fue el modo en que el cielo se dejó tomar
por aquellas sombras negras,
o la manera en que se cerró la tarde,
o como anocheció antes de tiempo.
Pero el caso es que la lluvia me borró del mundo
y ni siquiera llevaba un paraguas.

Quizá fue porque hacía falta fe aquella vez
Mucho más que otras,
Porque era imprescindible que la calle
no fuese tomada por la desolación;
y que la tristeza no me calara hasta los huesos
Porque ya sentía las ansias
de las peores noches, navegando por las venas.

Pero las hojas secas nadaron a la deriva
sin pedir permiso a la nostalgia,
y las palomas se acurrucaron sobre el seto
que cierra el jardín botánico.

Quizá fue porque la luz era tan pálida
que me envolvió su perfume de madriguera;
pero entré en ese café
Y tú estabas al fondo y me miraste.
Juro que me quedaba orgullo,
que quise desprenderme de tu cuerpo
antes de adorarlo
pero seguía lloviendo, y las palomas
parecían tan tristes buscando su sombra
entre las nubes sobre las aceras…

A la hora del café

Un café en Torgallmenningen

"Porque no puedo mirarte sin amor.
Lo sé. Sin amor no te he visto.
¿Cómo serás tú sin amor?"

Vicente Aleixandre

El invierno acaba de lanzar su garra sobre el mundo.
La nieve pertinaz se arremolina en las aceras,
se ennegrece sobre el asfalto, viste de plata los tejados
y disfraza de lejana primavera,
de almendros y cerezos en flor,
a los árboles de Torgallmenningen

Entre un bosque de gorros, gabardinas y paraguas;
nos espera ese café caliente, antes de perdernos
en las entrañas del tren, esa culebra infatigable
que nos marca los días.

Levanto un poco el cuello, me asomo
entre los hombros y las melenas doradas;
y entre las bolsas, los sombreros y los libros
y te busco aquí y allá.
Entre un alud de cuerpos, te busco.
–Sombras que se arraciman en un tapiz denso,
como los cuadros de Brughel que tanto nos atraían
cuando eramos niñas que soñaban el Norte desde el Sur–
Ya no soy yo en este paisaje,
que me es tan extraño ya cuando me engulle,
que esconde mi rostro entre tantos rostros
y mis pasos entre tantos pasos.

Y de repente, eres tú entre las muchedumbres
y de repente soy yo y me reconozco.
De repente eres ese que yo he tocado,
en cuyos ojos he visto el reflejo del invierno
y cuya mano ha recorrido mi geografía desnuda.

De repente dejas de ser un árbol más,
entre esa selva de abrigos, gorros y bufandas
y te quedas solo;
y es como si se abriera un camino hacia ti,
como si, entre los arbustos y las marañas montaraces,
un pequeño arroyo describiese el plano
de mis pasos

Y pienso por un instante cómo te verán los demás,
cómo serás tú fuera de mí, donde mi amor no te conoce,
ni te bautiza cada día con el milagro
del encuentro,
Donde mi voz no evita que te llames bosque.

Icela Elizalde

"Mi nombre completo es Rosa Icela Elizalde Vázquez, pero prefiero que me digan Icela Elizalde. Nací el 22 de septiembre de 1968. Originaria de Buenavista de Cuéllar, Gro. México. Vivo en Cuernavaca, Mor.

Soy madre y padre de tres jovencitas, las cuales son mi motor de lucha en la vida.

Amo ser parte del taller literario: "Poesía soy yo", ya que tengo la oportunidad de aprender mucho y a la vez, haber encontrado grandes amigas.

Desde pequeña me llamó la atención escribir, pero no fue hasta los 16 años, aproximadamente, que se me presentó la oportunidad.

Mi primer escrito fue una novela corta.

Participé en el Certamen Literario: "Poemas Dulces", resultando ganadora. Pronto saldrá el libro donde podrán leer mi poema.

Soy miembro del CLE (Círculo Latinoamericano de Escritores), y en el próximo Certamen del mismo, seré jurado. Me preparo en diferentes Talleres Literarios y Participaré en el Primer Mega Festival de Poesía Iberoamericana.

¡Soy una mujer que lucha por lo que quiere y no se detiene hasta lograrlo!".

(Buenavista de Cuéllar, Gro, México)

Historias de cafetería

Cuántas historias comienzan
en una cafetería...
Es el refugio
donde disfruto ese aroma,
que impregna todo.
¡Que deleita mis sentidos!

Multitudes.
Cada uno pone sus huellas,
¡Sus alegrías presentes!
Sus tristezas futuras.

Hoy aguardo a que tú llegues,
mi café está humeante.
Mientras, pienso qué decirte.
Porque,
no te voy a perder.

Café y amor, fríos

Hoy te espero,
en el mismo lugar.
Café aromático,
y tú en mi mente…

Recuerdo tu voz
que ahí me cita.
¡No quiero pensar.
que el fin ha llegado!

Se enfría el café,
igual que el amor.
Solo eso me queda…
¡Te haces presente!

Un gran silencio
sobre la mesa
y un trago acre…
¡que duele a rabiar!

Café sin fronteras

¡Qué mañana tan hermosa!
Un sol reluciente y cálido,
se cuela por los tragaluces
de la antigua cafetería.

Un grupo de bellas mujeres,
goza del café
compartiendo las semillas
de los dulces frutos
que van a cosechar

Cada una,
amante de las letras.
Cada una, amiga.
Veinte
hermanas de lengua.

Laura Elena Carnovale

"*Soy la que da los primeros pasos, o el primero quizá, en este camino de la literatura. Sin otras publicaciones, sin premios, ni participaciones.*
 Soy la de las manos llenas de tinta desde siempre.
 La que de muy chica escribía en cualquier papel un verso o un poema, solo para sentir que la vida se ve diferente desde el arte; y aún sin saber que la palabra iba a resultar para mí tan urgente e indispensable, tanto como para afirmar con certeza que escribir me salva, me exorciza y resucita, todos los días.
 Soy Laura Elena Carnovale. Profesora de Nivel Inicial por la Universidad nacional de La Pampa".

(General Pico, La Pampa, Argentina)

Llueve

Afuera llueve.
La lluvia barrena la losa y la hiedra.
se lavan las palabras y desvanece la poesía,
en minúsculas partículas.
¿Dónde se fueron los versos que brotaban
como cántaro gentil e irreverente?
¿Dónde se esconden las musas
y la esquizofrénica mirada?
Adentro llueve.
Se colma de nada este papel en blanco,
anegado, mustio y vacío.
Y sobre la mesa,
solo un café.

PEQUEÑECES

Vi dos pupilas en el fondo,
y un plato blanco bajo esa taza pequeña.
Era muy blanco el plato,
sobre la mesa vieja
y en esa mesa vieja,
un mantel de hule,
dos sobres de azúcar,
y una ventana sola…
Un disco de jazz. Sonó improbable.
El humo dibujó bruñidas siluetas.
Vi dos pupilas en el fondo de la taza.
Y una lágrima salpicó la noche.
Apenas.

Arrebato

Tantea el silencio la figura distante,
de una sombra en la silla,
el aliento y la pena.
El recuerdo te trajo al café de los sordos
donde un tango obtuso,
se retuerce de amor.
Asesina las notas
el bandoneón con su fuelle
el impulso me asalta.
Me levanto.
y me voy.

María García Romero

"Nací los campos de Villamartín y Espera, en la provincia de Cádiz. Andalucía fue el primer regalo de la vida aquel ocho de octubre.
  Vivir en la dehesa hasta mis siete años, es como haber vivido en el Edén. En ese tiempo no tuve más profesor que mi padre, él me enseñó a escribir y a leer antes de cumplir cuatro años
  Cuando entré en la escuela, en Villamartín, descubrí cómo se llamaba ese sentimiento que me embargaba frente a la belleza del ocaso, de las estaciones, los paisajes, los cantes; fue leyendo a Federico García Lorca "El lenguaje de las flores".
  Ese sentimiento se llamaba poesía y desde entonces, jamás me ha abandonado.
  Solo viví en mi tierra hasta los diez años, pero mis raíces han marcado toda mi vida, en mis gustos, mis costumbres, mi pensamiento.
  Mi otra pasión es el Flamenco.
  Por motivos de trabajo de mi padre, nos trasladamos a Zaragoza. Aunque quería hacer Magisterio, tuve que ponerme a trabajar, soy la mayor de ocho hermanos.
  Me considero autodidacta ya que todos mis estudios superiores los hice trabajando. He llegado, incluso, a apuntarme en el Ministerio de Cultura, adquirir los libros y presentarme sólo a los exámenes. Ahora me he propuesto hacer la carrera de Lengua y Literatura, tengo tiempo y ésta es mi pasión.
  Vivo sola con mi hija, estoy divorciada.

Escribo porque es mi pasión, porque la poesía está en el alma humana como el llanto o la risa, no es un invento, ni un conjunto de palabras hermosas. La exaltación poética la sentimos todos, escribamos o no, y creo que se siente desde que el primer humano vio nacer a su hijo, morir a su madre o levanto los ojos al infinito y contempló el inmenso éter.

La emoción poética es el fundamento de las demás artes, sin ella, no existirían ninguna".

(Cádiz, España)

El ángel azul

Hasta el nombre tenía un explícito amparo,
aquel ángel azul, tierno y bohemio.
Domingos por la tarde, nuestra cita a las seis.
Ni el raso de la lluvia, ni el frío riguroso,
ni la niebla que impide respirar y ver las gentes,
ni el cierzo cainita que nos desnuda el alma,
nos hacia desistir de la hermosa utopía,
–cómplice inextricable– de cada soledad.
Aquellas reuniones,
con el café en los labios, el humo y el poema,
endulzaban las horas… detenían el tiempo.
En la lengua cautiva del mar de la palabra.
Han pasado los años, mis poetas murieron,
y aquel ángel azul, es ahora irlandés.
Nunca jamás he vuelto a pisar esa calle.

La última cita

Era abril y lluvioso, casi invernal el frío.
La primavera tiene, prohibida su andadura,
aquí en esta ciudad, llamada, sin ocasos.
Ya no recuerdo quién de los dos fue a la cita,
en aquel bar tranquilo que observa las riberas
con los ojos del mar, de Sorolla en sus cuadros.
De pie sobre la barra, la soledad terrible,
de mujeres y hombres, sobre el café o el brandy.
–¡Quién sabrá los motivos que el abandono empuña!–
Sentados frente a frente, él hablaba y hablaba,
Yo sin fuerzas, mi llanto, no quería mentir.
Era el final, la vida, vuelta costumbre y miedo,
nos presentó la suma de los años perdidos:
Él se cayó hacia atrás y hacia adelante yo.

Retrospectiva y presente

Es octubre y la lluvia palidece la luz y la estrategia,
que, desde hace tanto tiempo,
como un faro, otea la distancia,
Emplea mi memoria.
¿Cuántas veces creí que eras tú?
En el café Los Sitios, al fondo de la Antigua,
Como un mago arrogante,
–sin cruzar nuestros nombres–,
tu ágil papiroflexia me ofreció aquella rosa,
Blanca como un suspiro en la fría intemperie.
Y esos ojos salvajes clavados en los míos.
Y aquella media luna de tu cuerpo sin ley;
Y el dulcísimo fado de tu boca en mi boca.
Una patina cubre los años belicosos,
Donde tembló mi pulso, donde incliné mi corazón.
Ya no amo, mas levanté mi casa junto a los arrabales,
El azar y el destino gustan de las sorpresas,
–Como un río de brumas que nace y desaparece–.
Y esta angustia es visible desde todos los cielos.
Yo, cada vez más lejana, tomo el café en mi cuarto,
Expatrío mi ser en el poema,
Atiendo mi dolor de forma minuciosa,
en los largos paseos con mi perro.
Sin otro quehacer,
que esperar su victoria o mi victoria.
La última palabra la tiene el Mare Nostrum.

Mardy Mesén Rodríguez

"Surge en mí el interés poético por herencia familiar, todos mis recuerdos de infancia giran alrededor de la poesía. Mi abuelo fue un poeta extraordinario, innato, publicado de forma póstuma en mi país. Mi madre era poetisa y mis tíos amantes de las letras.

Mi primera incursión en la poesía fue a los once años cuando participé en un concurso con un pseudónimo porque era para adultos y quedé en tercer lugar.

He decidido retomar mi interés en las letras con mayor madurez y por el anhelo de compartir la belleza de los versos.

Admiradora de los poetas Miguel Hernández (español) y Julián Marchena (costarricense), porque cuando la poesía sale del alma del poeta se hace sonora, sabe a canto y nos suena a voz de siglos: se vuelve intemporal.

Cursé estudios de Filosofía y Letras en la UNA (Universidad Nacional)

Administración de Empresas y Psicología Aplicada.

Casada, madre de dos hijos, disfruto del yoga, el ejercicio y la vida sana.

Poetisa por vocación íntima, escribo por la necesidad y el placer de hacerlo. Actualmente estoy terminando un poemario que deseo publicar en mi país natal bajo el título Crepusculario de ausencias*".*

(San José, Costa Rica)

CAFÉ PARA UN OLVIDO

Entre tibios matices me perdura
el olor de la caña y sus sabores,
soy bardo que suspira desamores
y bebe en el silencio su amargura.

Más tomo mi café sin más premura,
mientras veo del ocaso sus colores,
como si un sol dijera: "Ya no llores,
que la vida es un trago de locura".

Y en cada sorbo que mi pecho abraza,
se disipa el recuerdo doloroso,
como una hoja arrastrada por la brisa.

Y muere una ilusión frente a una taza,
en el umbral del fuego más hermoso,
tras un halo invisible de ceniza.

Frente a una cafetería

El Sol ha transfigurado la tarde
y el reloj es un ateo impertinente
que en las puertas de bronce
vigila el corazón cenital.

"Vivir es amar", dijo Víctor Hugo,
miento, porque me siento viva.
Tu recuerdo es impronta en mi paisaje.
Las voces aturden la belleza inesperada
y soy la flor desnuda
del urbano laberinto.

Un puño lejano,
virilmente comprimido
saluda sedosamente,
mientras las tazas humeantes
reciben las bocas vespertinas.

Una emoción procaz
le toma el pulso al momento.
La calle muerde sus labios
y los adoquines guardan su luto trashumante.
El alma huele a café
entro en la estancia canela,
como quien entra a la vida.

Café de abril

A veces soy un cruce de estaciones,
un témpano de hielo
entre las cenizas.
Perdida en el asfalto,
mis muslos esconden mocedades.

He bebido la luna
su pureza,
y en brazos de vendimia ya he soñado;
más pronto supe que no existe el beso
que en forma razonable
me seduzca,
ni el fuego, ni el carbón
que el tinto ofrece.
Ese elíxir castaño que calienta
las horas de mis tiempos más oscuros.

Es tarde,
mi nostalgia se repite
en la ciudad de las bocinas.
Encuentra como diosa su ateneo,
un mozo la despierta,
con sus labios,
le ofrece con candor
café de altura,
como un poco de abril
en crudo invierno.

Olga Liliana Reinoso

"Me llamo Olga Liliana. Olga me duele, me hace sufrir, es mi parte oscura, dramática, fatalista. Marrón, terroso, socavón abajo. Liliana es la de los placeres, la buena vida, la risa fresca .Liliana es transparente como una mañana de primavera, color verde agua, liviano barrilete que me eleva.

Después de más de medio siglo de lucha denodada estoy logrando que reconozcan que yo soy las dos. Mujer a ultranza. Madre amantísima. Muy argentina, sin chauvinismo. Maestra. Poeta, narradora, ensayista. A veces, periodista. Recitadora, difusora de la poesía. Apasionada por la literatura. Disfrutadora de la vida. Carnet de identidad: la risa.

Pasaporte: la palabra.

Nací el 25 de mayo de 1951 en Capital Federal, Buenos Aires, Argentina: mi lugar en el mundo. A menos de dos meses de mi nacimiento nos fuimos a Embajador Martini, en el norte de la provincia de La Pampa, donde residían mis padres desde su casamiento.

En una noche llena de luna, el patio de mi casa era un conjuro para atraer los duendes. Sentada sobre un tronco de eucaliptos, pintado por mi padre, mi alma se expandía. Todo el aire picarón del verano se filtraba por las persianas de mi ansiedad adolescente. Y mi niñez, pronta a zarpar, trepaba por las sombras infinitas de los árboles, en esa búsqueda implacable que todavía me persigue. No me pude negar. Fue un acto de amor, fue una entrega. Mi corazón jugaba a la payana y mis dedos se hundieron en el *mundo intrincado de la metáfora: sólo una descripción, sólo un paisaje, la pampa toda rebasando en los renglones.*

Y en esa noche crucial, se rompió el himen del silencio: hice el amor con las palabras y parí un poema. ¿Qué iba a ser una chica de los años 60 —una chica de hogar, de buena familia, de clase media— sino maestra? Y fui docente hasta el año 2008: desde entonces soy una Jubilosa Jubilada.

En el año 1988 me mudé a General Pico, La Pampa, donde vivo actualmente.

Tengo tres hijos: Belén, Ramiro y Matías. Publiqué cinco libros: Estar con vos, Palabra de mujer, A Quemarropa *(poesía);* Cuentos con descuento *(narrativa);* La sembradora *(ficción autobiográfica).*

No sé si planté un árbol".

(General Pico, la Pampa, Argentina)

Burbuja

Calidez y deleite:
ver el paisaje humano
detrás de los vidrios de un viejo café.
Del otro lado, el mundo
se desangra, se insulta, se acelera.
Yo me refugio en la burbuja,
sin tiempo y sin lugar,
envuelta en vahos y sabores.
Esa tinta espumosa
recorre los meandros de mi sangre
y vuelve en soliloquios
que danzan sobre el papel.
Las horas no deambulan
cuando escribo en la mesa.
Solo mi loca pluma se desliza
y mis ojos otean los caireles,
hasta encontrar esa palabra
que se niega, que se esconde,
y que al final me toma, por asalto,
en un suspiro de placer.

El café de una esquina cualquiera

Refugio que convoca
para encender una luz verde
y escaparse del vértigo.
En su taller improvisado nacen
los primeros colores.
Allí van las musas
a coquetear con los poetas.
Y desde el fondo del pocillo,
un tango duende nos silba amaneceres.
Allí volvemos a sonreír
a quemarropa,
y retomamos la intimidad de los susurros
en cada confesión.
Antes
colgamos la rutina en el asfalto
para salir a escena sin disfraz.
Entre el aroma del café y el cigarrillo
la ciudad se confunde con su gente.
Se humaniza. Llora su desamparo.
Inventa un psicoanálisis.
Y nos pide un minuto de silencio.

ORÁCULO

Miro la borra de café
y te miro.
Solo agoreras formas del adiós hay en tus ojos.
Las palabras sollozan silenciosas
en la mesa de al lado.
Yo sigo viendo el oráculo de ébano.

Vos te sacás la alianza,
pagás a la camarera
y te perdés en el Leteo de la calle.
Yo pido otra taza espumosa
de veneno.
Sin azúcar.

Paola Authievre

"Nací en Valparaíso (Chile) el 18 de octubre de 1967, bajo la atenta mirada de los cerros y del mar que vigila el horizonte. Sitio de partidas, de sueños que se elevan en los volantines y que crecen como las casas que cuelgan de los cerros. Nací entre los versos de Neruda, Huidobro y Mistral. Me acunaron el canto de Violeta Parra y Víctor Jara. Escribí mi primer poema a los 8 años y desde ese momento nunca más he dejado de escribir.

Y escribo porque la luna me muerde la espalda; porque los alaridos de la noche no me dejan dormir; porque prefiero asesinar la palabra que acabar con mis sueños.

Soy Técnico en turismo, locutora, productora radial. He cursado talleres poéticos en el Instituto Chileno Francés de Cultura (Chile) y en El Aula de Escritores de Barcelona (España). He participado en el Hispanic Writers in the Schools Program (Organizado por Umass-Boston) y brindando talleres de iniciación a la escritura a jóvenes de escuelas de Dorchester y Chelsea.

He participado con mis poemas en el Hispanic Writers Week Community Program y colaborado en actividades culturales en el Massasoit Comunity College.

Actualmente me encuentro trabajando en mi libro de poemas titulado "De Piel y Asfalto" y en una novela".

(Valparaíso, Chile)

Tango café

Un bandoneón de oscuras notas,
gime desgarrando la piel de las veredas.
Antiguas calles de la ciudad
que se vestían de caricias
bajo la luna de abril.
¿Bailamos un tango como en aquel café?
Deja en mi boca el placer de tus besos,
fragante memoria del alba,
sexo derramado de la noche
Equilibrista en la cornisa del deseo,
un bandoneón de oscuras notas
gime desgarrando la piel de las veredas
Tango de olvido
junto a un café de arrabal.

Nostalgia café

Afuera el sol agoniza sobre el pavimento,
deshojadas margaritas de la memoria,
párpados de la bruma.
Soliloquio de semáforos en la calle gris.
Bebo un sorbo de realidad
sobre las cenizas acumuladas del tiempo.
En el guiño cómplice de los amantes,
en las iglesias y sus burdeles,
en las calles que olvidaron nuestros pasos
Aquí blancos manteles cubren la ciudad,
mientras tu imagen se mezcla con el café,
mientras el pasado cuelga de las lámparas,
mientras escribo tu nombre
en los labios de la tarde
Afuera el sol agoniza sobre el pavimento
Soliloquio de semáforos en la calle gris.

Recuerdos de café

Hoy me he dado cita en el café de siempre,
con mis recuerdos que se inclinan junto a tu sombra.
Entre sillas y mesas vacías,
entre el humo del cigarrillo
y mis poemas vestidos de arlequín
Todo está igual,
los taxis, las esquinas y los gatos.
Azoteas de Octubre,
aguacero del tiempo
sobre los paraguas rojos del otoño.
Hoy me he dado cita en el café de siempre
con mis recuerdos,
en la Calle donde las farolas
tropiezan con los borrachos.

Patricia Martin

"Mi nombre es Patricia Martin, aunque en mis blogs escribo bajo el seudónimo de Emilic Davor.

Tengo 55 años, me casé dos veces, parí dos hijas; y merecí tres nietos.

Estudié Bachillerato, Arte escénico, Modelaje y Asesoría en Seguros, amén de algunos cursos, como por ejemplo: Taxidermia, Detective Privado y Bibliotecaria.

Trabajé en todo lo que estudié, hasta que tomé la determinación de seguir el camino del artista autodidacta. Hoy me desempeño en mi propio taller, donde creo espejos, marcos y lámparas artesanales.

Respecto a la pasión por las letras, nació conmigo, y la puse en práctica a los nueve años.

Nunca más lo abandoné.

De mis poemas, cuentos y novelas puedo hablar mucho y no decir nada; puesto que es imposible resucitar a los muertos; ya que la gran mayoría de lo escrito, lo mandé a quemar en la hoguera de mi propia y santa inquisición.

Si hoy me tuviera que presentar ante alguien, le diría: «Soy la no escritora que escribe»".

(Buenos Aires, Argentina)

NAUFRAGIO

Y de pronto, el hollín de la calzada
ensucia los cristales de la cafetería;
y es agónico el descubrimiento,
de verte entrar como antes.
Hoy mis párpados, habituados a la infamia,
descubren la intemperie invernal de tu semblante;
esa intemperie oscura,
como las pupilas de los muertos.

Tan anciana y desnuda de ayeres,
que mi recuerdo duda al reconocer
tu estampa, en mi memoria.
"¡Dios me libre!"
–sofoco un grito,
para no llorarme–

Y entonces, el naufragio de la vista,
en el pocillo de café que me mira,
no puede esclarecerse en su reflejo.
Un "hola" y una voz cansina;
me obliga a observar mis manos
–rígido tul, transparencia–

Y por fin dejo de ser la emperatriz
en el engaño de ficciones,
para convertirme en la hereje aquella,
la que ahora descubre,
a la que jamás ha sabido agradecer.

Agradecer en lo perdido, lo ganado.

Sin aromas

Sube el recuerdo,
por la espuma marrón
del último café,
donde la canela y el brandy,
se hicieron lágrimas ante nosotros.

Palpo la congoja,
al recorrer el abisal silencio
que ciega aquella cafetería.
Hay un abandono
de la memoria y de la existencia
que lleva inscritos nuestros nombres.

En tanto, el fantasma da brincos
sobre los tapiales desnudos,
entre los graffitis que nos vomitan
hacia la boca desabrigada del subterráneo.

Allí donde permanecemos,
sobre lo que no ha sido,
aunque pudo serlo,
y nos convirtió en lo que quedamos:

Burdas caricaturas
que se extinguen,
en lecho de cenizas.
Sin aromas.

El humo del café

Se va la noche con nosotros;
y nos deja la sombra,
impresa sobre el taburete de la vieja cafetería.
Un dibujo de fruta entregada
al vicio de los gusanos.

Ahora sé lo que vas a decir,
no trato de evitarlo.
La fuerza de tu desdén,
crece sobre mis huesos
sin la alternativa
de otro mañana en perfumes.

Con vos en ausencia.

Pero soy fuerte
como el doblez de la costura
cuando nota el brillo lastimero
de la vista sin actitud.

Entonces mi respuesta
lo marca todo,
en claro veredicto:

Pasa siempre,
cuando el humo del café
salpica los ojos.

Susana Beatriz Fondado

"Mi nombre es Susana Beatriz Fondado, nací en Capital Federal, provincia de Buenos Aires, Argentina, el 26 de mayo de 1954.

Cuando cumplí los tres años mis padres terminaron su casita en un pueblito del Gran Buenos Aires, llamado Del Viso, donde faltaba fuerza en la luz, había muy poquitos vecinos y mucho campo. Allí nos mudamos.

La lectura y la escritura pasaron a ser parte importante de mi vid.

En cuanto aprendí las primeras letras, en una época sin televisión y mucha radio, la imaginación pudo volar a mundos de fantasía, dando paso a las más absurdas y risueñas aventuras.

Los libros de cuentos eran como la muñeca y los jueguitos de café. Formaban parte de mi vida, de los entretenimientos y así creaba mis propios

El maizal alineado, hacía las veces de alumnos y con los zapatos de taco viejos de mamá, era la maestra que pasaba entre la fila.

En los días de mucho frío debía quedar dentro de casa, entonces los libros y revistas eran la mi compañía. Se iba haciendo carne la lectura, hasta que solo quería leer y luego quise parecerme a los escritores…

¡Si habré martirizado a mi madre leyéndole citas que yo misma inventaba.

Hoy, ya adulta, deseo plasmar con mis letras todo eso que fui y todo lo que soy".

(Buenos Aires, Argentina)

Los amantes y un café

Una copa de vino
y el deseo que se agiganta cada noche.
Solos los dos en el infierno,
almas devastadas de codicia,
sedientos de piel,
de labios.
Nos quemamos en la hoguera eterna
del amor prohibido,
Dulces dolores sin mañana,
inciertas despedidas.
Amanecer desolado,
sábanas perfumadas de pasión.
Galope del corazón que espera,
en silencio,
callando a gritos las preguntas,
que se ahogan en la nada,
desvaneciéndose en la noche
de otro encuentro,
sin promesas.
Angustia, soledad,
por compañía, solo un café.

Un café y un adiós

Los ojos perdidos tras la vidriera.
Mesa doble.
Ya se ha ido.
Marea la cucharita del café,
congelado, como el corazón.
Un cigarrillo, humo, cenizas.
Nieve, témpano que arrasa.
Sal que rompe en su rostro,
y arde.
Dolor de soledad.
Sin adiós, sin porqué.
Bullicio, tabaco.
Niebla en el alma,
pregunta sin respuesta.
El aroma de ese bar
se hace agrio,
se hace denso,
se torna frío,
aunque afuera brilla el sol.

Café otoñal

Golpean las gotas en el cristal.
El gris de la tarde
me zambulle en el café.
Su aroma apetitoso
me invita.
Los rostros inexpresivos
me ignoran,
ciegos al mundo,
ensimismados,
Yo los veo,
invento sus historias
en una servilleta.
La espuma pretende escapar
de mi café entre el humo.
El túnel lo devora todo,
mientras la calle
se llena de perlas.
Llanto de un cielo otoñal,
bebo el último sorbo,
y salgo a juntar lágrimas
con mi paraguas.

Teresa Delgado Duque

"Nací en Las Palmas de Gran Canaria, capital de una isla redondita hermana de otras seis bañadas por el Atlántico. He dado un montón de veces la vuelta al sol a bordo de un planeta azul bellísimo e inmenso del que tan solo he visto una ínfima parte,
  Poseo un milagro de 70 latidos por minuto y en la cabeza un universo de infinitas sinápticas estrellas que me permiten ver las que salpican el universo cada noche. Vivo vestida de piel para cubrir un alma que me ha acompañado desde el principio de los tiempos. Respiro y huelo la fragancia de la vida y me nutro de su esencia. Oigo y escucho las voces de los niños, de la gente, la música, saboreo cada segundo que me alimenta y me emocionan todas las miradas que me encuentro en este maravilloso viaje que construyo a cada instante. Cuando vuelva a mi otra casa me llevaré una mochila llena de cosas buenas, ya tengo 188 estaciones, 17 155 puestas y salidas de sol, las pupilas llenas de miradas, sonrisas y belleza. También tengo los labios llenos de besos, la piel de caricias, mi cuerpo de abrazos grandes y chiquitos, las orejas llenas de palabras, de susurros. En un bolsillo también me llevo mis lágrimas, mi dolor, mi tristeza, mi soledad, mi frio, lo amargo, lo áspero, lo estridente porque también me ayudaron a ser la que hoy está escribiendo que la vida es bella, muy bella, inmensamente bella."

(Las Palmas de Gran Canaria, España)

En tu regazo

Se enfrió el café.
Se quedó vacío de aroma;
todo el humo retoza colgando de los muros.
Tras los cristales ha dejado de llover,
pero aún sigue lloviendo aquí adentro.
La tarde se acomoda entre el día y la noche,
todo mi ser ya sabe que no vendrás
pero yo aún no quiero saberlo.
Me quedaré aquí.
Esperándote,
entre los girones de mi vida
tan solo un par de siglos más
y luego volveré a casa.
a encontrarme acurrucada en tu regazo.

Tanka

Negro sabor,
festival de placer,
denso deleite.
Aroma salpicando
sortilegios del sueño.

Café amor

Café.
Fruto rojo de intención negra y tostada.
Duro grano molido
Calor
Líquido y humeante brebaje
Jugo de exquisitas esencias
Aroma
Alquimia que levanta el alma
Misterio estallando en sabor
Placer
Exorcismo que expele las sombras y los muertos
Deshaciéndose en la intensa agonía de los labios
Lo profundo
Maravilla que resucita el espíritu
Lo rescata de sí misma y lo eleva
Para morirlo irremediablemente en el alma.
Amor...

Victoria Liberona Alvear

"Mi nombre es Victoria Liberona Alvear, soy de Chile, de la Comuna de la Florida-Santiago de Chile. Estudié Química y Educación de Párvulos, pero no llegué a ejercer ninguna de los dos estudios.

Soy la quinta de nueve hermanos. Mi madre fue Hortencia Irene Alvear Conejeros, y digo así su nombre completo, porque fue quién luchó a mi lado para combatir la enfermedad de la poliomielitis que me aquejaba, logrando que mejorara mi calidad de vida y pudiera disfrutar de las cosas lindas de la vida.

Mi padre, Carlos Liberona Sánchez, era arquitecto, pintaba y escribía poesía, de allí mi afición por las letras.

Debido a mi larga enfermedad los libros fueron mi compañía.

Tengo 2 hijos, 5 nietos, estoy separada, y la poesía es mi alegría de vivir y quiero seguir escribiendo porque estoy convencida de que la vida es más bella cuando escribo."

(Santiago de Chile, Chile)

Amor y café

Jóvenes bellos, al caer la tarde
Reunión en el café.
Tus ojos derraman la miel del idilio,
las quimeras, los sueños,
el futuro en la mesa.

Al salir unimos las palmas. El asombro
ante la magia de los brazos muertos
de los árboles.
La tarde se viste con gota de oro.
¿Que fue del amor?...

Todas las historias tienen su fin,
A "La Virgen de la nieve"
la adorno con poemas
el añorar los charcos, espejos de colores
sutiles arco iris.

Han pasado los años, aún quiero ver
tu silueta,
en el humo del café
que tomo sola.

Después de ese café

Al entrar me siento otra
el café con su espuma, y sus curvas
caprichosas en el tazón.
Con la lluvia se llena el lugar.

Sorbiendo el dulce, doy rienda suelta
a mis versos.
Mientras escribo un joven
me dice,
¿me puedo sentar?
Charlamos horas,
sin prisa, la magia, la lluvia.

Luego regresa el sueño,
nada es ya igual, las gotas en las cornisas
colgando como aretes, el cielo despejado
vuelve la alegría
Era feliz… luego del café.

CAFÉ AMARGO

El frió de mi alma, me lleva al café
a entibiar mi espíritu.
El líquido oscuro como mi suplicio.
Su aroma me parece una burla,
me ahogaba, a la salida.

El bullicio de la lluvia, al chocar
en las piedras, quiebra mis lamentos.
El gusto a café, sabe amargo.
Recuesto mi cuerpo contra el murallón húmedo.

Como una ebria, con el sonido implacable
del argavieso hermano, grito mi aflicción.
Sé que he tomado el café,
más agrio de mi vida.

Índice

Prólogo	5
Aleyda Cruz Espineta	7
Aroma de café (a Cuba)	8
Un poema en mi café	9
"Locamente enamorada"	10
Victoria López	11
La casa en la memoria	12
El tren del cafetal	13
Tostado con azúcar	14
Amelia Blanchard	15
Lentamente	16
Las moliendas del deseo	17
Aquí	18
Ana María Canto Bermúdez	19

Café espectral	20
El café de mi abuela	21
Café	22
Ana María Moreno Pérez	25
Café con canela	27
Café de otoño	28
Café matinal	29
Ana Maritza Aguirre Gutiérrez	31
Parece que fue ayer	32
Café de invierno	33
Cafetería la pausa	34
Delvyhe B. Reynolds B	35
Café dorado	36
Aroma de café	37
La oscura callana	38
Edith Suyai Moncada	39
El café quedó allí	40

Aún huele a café	41
Se me antoja un café	42
Elisa Menéndez	45
El primer sabor negro	46
Café poema	47
Me senté a pensar en ti.	48
Herminia Delgado Núñez	51
Una foto en Lisboa	53
Cafeterías bajo la lluvia	54
Un café en Torgallmenningen	55
Icela Elizalde	57
Historias de cafetería	58
Café y amor, fríos	59
Café sin fronteras	60
Laura Elena Carnovale	61
Llueve	62
Pequeñeces	63

Arrebato	64
María García Romero	67
El ángel azul	69
La última cita	70
Retrospectiva y presente	71
Mardy Mesén Rodríguez	73
Café para un olvido	74
Frente a una cafetería	75
Café de abril	76
Olga Liliana Reinoso	77
Burbuja	79
El café de una esquina cualquiera	80
Oráculo	81
Paola Authievre	83
Tango café	84
Nostalgia café	85
Recuerdos de café	86

Patricia Martin	87
Naufragio	88
Sin aromas	89
El humo del café	90
Susana Beatriz Fondado	93
Los amantes y un café	94
Un café y un adiós	95
Café otoñal	96
Teresa Delgado Duque	97
En tu regazo	98
Tanka	99
Café amor	100
Victoria Liberona Alvear	101
Amor y café	102
Después de ese café	103
Café amargo	104

Editorial LibrosEnRed

LibrosEnRed es la Editorial Digital más completa en idioma español. Desde junio de 2000 trabajamos en la edición y venta de libros digitales e impresos bajo demanda.

Nuestra misión es facilitar a todos los autores la **edición** de sus obras y ofrecer a los lectores acceso rápido y económico a libros de todo tipo.

Editamos novelas, cuentos, poesías, tesis, investigaciones, manuales, monografías y toda variedad de contenidos. Brindamos la posibilidad de **comercializar** las obras desde Internet para millones de potenciales lectores. De este modo, intentamos fortalecer la difusión de los autores que escriben en español.

Ingrese a **www.librosenred.com** y conozca nuestro catálogo, compuesto por cientos de títulos clásicos y de autores contemporáneos.

www.ingramcontent.com/pod-product-compliance
Lightning Source LLC
Chambersburg PA
CBHW020950230426
43666CB00005B/257